Tanger Hallucinations

Pirmin Bossart

# Tanger Hallucinations

Klub Ö, Luzern

Die Publikation erscheint mit dem Signum des «Klub Ö», Luzern. Dieser ist kein Verlag, sondern dient als kollegiale Gemeinschaft für Publikationen, die im Selbstverlag erscheinen. Er lehnt sich namentlich an den Verlag «Der Kollaboratör» an, der seine Arbeit im Jahr 2017 eingestellt hat.

Die Texte wurden zum grössten Teil im März 2013 in Tanger geschrieben.

ISBN: 978-3-7597-6813-1

Originalausgabe, 2024
© Pirmin Bossart, Luzern
Alle Rechte vorbehalten

Illustrationen: Marie Kenov, Luzern
Coverfoto: Pirmin Bossart
Satz und Verlag: BoD · Books on Demand GmbH,
In de Tarpen 42, 22848 Norderstedt
Druck: Libri Plureos GmbH, Friedensallee 273,
22763 Hamburg

www.pirmin-bossart.ch · E-Mail: pirmin.bossart@tic.ch

Das Haus ist zum vergilbten Manuskript geworden
ein Mausoleum der verhallten Worte

# Boulevard

Ein Kapuzenmann geht
über die Strasse beim Hafen
seine Djellaba bläht sich im Wind
Schuhputzer mit ihren Holzkisten
machen den Parcours
von Café zu Café
wo die Lederschuh-Männer sitzen
Palmen neigen ihre Häupter
am Boulevard Mohammed V

Eine Frau mit schwarzem Kopftuch
steht auf dem Flecken Gras
am Rand des Verkehrs
zieht sich langsam
den schwarzen Rock hoch
spreizt die Beine
drückt eine Petflasche
in ihr Geschlecht
sinkt auf den Boden
redet verstört vor sich hin
steckt sich eine Zigarette
in den Mund

Zwei Männer nähern sich
wie bedürftige Pilger
geben ihr ein paar Münzen
Sie pafft und gestikuliert
ihre kehligen Laute
dringen wie Stromstösse
bis zu den paar Cafégästen

die in den Korbstühlen sitzen
und ungerührt zuschauen
alles Männer

In Tanger hat es Platz für
Verstossene und Verlorene
bei den frommen Milliardären
im Herzen von Arabien
würde die Frau
gleich gesteinigt werden

# Thé Mente

Zuhinterst in der Kasbah
beim Singsang des Händlers
und den verborgenen
Frauenaugen im Erker
trillert ein farbiges Vöglein

Thé Mente im Petit Socco
der Mann verkauft
die Zigaretten einzeln

Mit Plastiktüten in den Händen
und grünen Sonnenbrillen
irren zwei alte Engländer
in durchgescheuerten Hosen
durch die Gassen

Ein Fernseher plärrt aus dem Café
die Katze raschelt im Gesträuch
Alte Frauen mit riesigen Brillen
Wäsche flattert auf Balkonen

# Zero Zero

Kaum einen Tag hier, hast du verschiedene Männer
kennengelernt, die sich charmant nach deinem Wohlbefinden
erkunden und dir feinsten Maroc-Haschisch verkaufen wollen
très naturale, vom Rifgebirge
natürlich nur beste Qualität, ein wenig rauchen am Abend
pas de problème lächeln sie, wieviel willst du

In den Jahrzehnten mit den Travellers haben sie gelernt
nicht mit der Tür ins Haus zu fallen, Geduld zu üben
nichts forcieren zu wollen
aber doch sanft und unaufdringlich beim Thema zu bleiben
von Freunden zu erzählen, die auch immer bei ihnen kaufen
pas de problème und erstklassige Qualität, Monsieur

Plötzlich sind sie da, lösen sich aus den Schatten der Nacht
spazieren mit, erzählen nicht zu viel und nicht zu wenig
halten lächelnd den Draht aufrecht
bis sie merken, dass du wirklich nichts willst
sich abrupt abdrehen
ein leiser Fluch auf den Lippen
voller Verachtung
nach so viel Goodwill und Einfühlungsvermögen
und man sich fast schämt
dem Herumstreuner doch nur wertvolle Zeit
gestohlen zu haben.

# Abdul

Abdul habe ich am Grand Socco getroffen, er verkauft
Haschisch in allen Varietäten. Erhaben schildert er die
Vorzüge seines Stoffes. Er macht dich nicht müde, macht
nicht dumpf, nein, sagt er und richtet sich auf, dehnt die
Schultern, du bist wach und stark den ganzen Tag. Viele
Freunde habe ich, auch aus der Schweiz, die immer wieder
zu mir kommen, weil ich Qualität verkaufe.

Abdul ist ein feingliedriger älterer Mann mit Mütze, er
spricht gut englisch, dosiert seine Worte, lässt dem Fremden
die Illusion, dass er sich zu nichts gedrängt fühlen solle,
um dennoch sanft und unerbittlich am Thema zu bleiben.
Wir trinken einen Tee, während er erzählt, wie er den
Haschisch verpackt, um ihn ausser Landes schmuggeln zu
können. Er lässt den Stoff in Schuhsohlen einbauen und
mit starkem Parfüm benebeln, um die Drogenhunde zu
irritieren. Andere schlucken kleine Stücke, verpackt in
Kondome. Seine schmalen Lippen formen ein Lächeln, das
funktioniert perfekt, wieviel willst du, hundert, fünfzig
Gramm. Ah, du rauchst nur gelegentlich, kein Problem, ich
gebe dir auch ein kleines Piece, er zeigt auf die oberste
Kuppe seines kleinen Fingers, du kannst auch nur so viel
haben, versuche doch mal und du wirst wiederkommen,
drei Euro für ein Gramm von bester Qualität, aber man
könne, als der Fremde keine Regung zeigt, den Preis auch
noch ein bisschen senken.

Am Ende sind wir im Shop seines Bruders, wo vertrauensvoll
Hände gedrückt werden und drei Verkäufer nur das Beste
für dich wollen. Abdul wartet draussen, bis der Fremde um

11

ein paar 100 Dirham erleichtert wieder ans Tageslicht tritt. Er habe keine Kommission bekommen, beteuert Abdul mit ernsthaftem Gesichtsausdruck, das sei nur bei Teppichen der Fall. Wer es ihm glaubt, wird selig, aber das Händler-Business ist in Marokko eine Religion für sich, du wirst nie die ganze Wahrheit erfahren, nie wissen, was sie über dich denken, auch wenn sie noch so freundlich schleimen, wirst nie herausfinden, was genau warum welchen Wert hat und nie mit Bestimmtheit wissen können, ob sie dich nun haushoch oder nur ein paar Meter über den Tisch gezogen haben.

# Tanger Hallucinations

Wind über der Bucht von Tanger
die Palme im Gärtchen
des Hotels El Muniria
hat die Beat-Tage überdauert
die Palmwedel dunkelgrün von Sonne
und Staub der Jahrzehnte in den Knochen
von William, dem mürrischen Gentleman
der stundenlang auf die Fussspitzen starrte
und die schwulen Aliens von Naked Lunch
opiatgedimmt ins Exil
seiner Halluzinationen schickte

Das Cafe Baba oben in der Medina
lebt von vergilbten Fotos von Rockstars
und Filmern, die hier ihren Minztee
tranken und Kif rauchten
weiterzogen in Berühmtheit
und die Gassen zurückliessen
das Leder, den Schmuck, die farbige Keramik
die Djellabas der Kapuzenmänner

Katzen streichen aus blauweissen Winkeln
vom Schatten ans Licht und schlüpfen
zurück in den Schatten
nagen an Fischskeletten
oder liegen auf dem Blechdach
des Cafés über dem Atlantik
das steil herunterfällt zum Meer
tappen seelenruhig
über die weiten Plätze beim

alten Hafen, wo die Fähren nach Tarifa
auslaufen und ein Polizist herumpfeift
ohne dass jemand Notiz davon nimmt
und nur der Streuner wieder auftaucht
und sich charmant nach dem Befinden
erkundet und ob man nicht ein wenig
rauchen wolle, natürlich hat auch
er nur beste Qualität zu verkaufen

Die Wohnmobil-Karawane
der Rentner aus Europa
löst sich von der Fähre und biegt ein
in die breite Strasse am Hafen
«Sortie» kündet das Schild
und die Hymer-Mobile gleiten
im Schritttempo die ersten
paar hundert Meter auf
dem afrikanischen Kontinent dahin
der Fahrer klappt die Blende runter
die Frau auf dem Beifahrersitz
rückt ihre Sonnenbrille zurecht
zwei angegreiste Königskinder im Cockpit

Ein Gefährt nach dem anderen rollt
an der Hafenpolizei vorbei
kompakte Karossen, die
wie Sardinenbüchsen schillern
und jeden erdenklichen Komfort
im Liliput-Format an Bord haben
unterwegs im Lebensabend

den man Richtung Süden durchfährt
auf der Suche nach dem Wunderbaren
der stillen Stunde der Lebensverlängerung
dem letzten Geriesel des Schönen

Und hinter den Zäunen
von Melilla
warten die Migranten monatelang
bis sie ihren Existenzkörper
in Europa wissen
und nie ist es so
wie man es sich vorstellt
und eine Wahl gibt es
trotzdem nicht für alle
die losgefahren sind
das Leben blüht
immer um die nächste Ecke
hey Friend, hast du mir einen Euro
damit ich Essen kaufen kann
sagt der Junge dreckverschmiert
auf der Hitze der Strasse
und eh man seinen Blick begreift
rennt er weg – Polizei!

In einer dunklen Höhle
piepsen Vögel und bellen Hunde
der ganze Raum ist vollgestopft mit Käfigen
in denen es krächzt und flügelt
irr geworden im Dreck
diese Tierhaltung

tötet, ohne zu schneiden
am Boden stehen
versiffte Kisten mit Gitterstäben
Hunde jaulen aus
erloschenen Augen
in dunkle Kerker gesperrt
es riecht nach Pisse und Scheisse
nach Streue und vermoderter Nahrung
der ganze Boden ist übersät
von Kernen und Körnern
die Tiere sind amputiert
in ihren Bewegungen
ein Hund dreht sich
pausenlos im Zwinger
das magere Rückgrat
die Pfoten im seifenden Dreck
ein anderer sitzt regungslos
ganz hinten in seinem Loch
zurückversetzt in eine
voranimalische Steinzeit des Lebens
als die ersten Wesen, aus
denen sich später Menschen bildeten
unter riesigen Pflanzenschirmen in
Symbiose mit Steinen und Pilzen
lebten und die Zärtlichkeit ein
Feuersturm war, der über den Ebenen
alle paar Stunden niederging
während silberne Tassen über den
Sümpfen kreisten und die ersten
atmosphärischen Proben nahmen

17

um die Wesen weiter voranzuzüchten
und sie wieder auszusetzen in den Stürmen
und vulkanischen Gasen vergessener Zeitalter
in denen das Menschen-Gen
im Erdreich der Dinosaurier
und in den Klauen ihrer Hiebe
heranwuchs mit all seinen
Ängsten
Erlöserphantasien
Brutalitäten

Sagst du Tanger
denkst du an die Interzone
500 Quadratkilometer
international verwaltetes Land
von 1923 bis 1956
die Bordelle des Hafens
die Spelunken und Teestuben
ausgeräucherter Romanzen
die engen Gassen der Medina
mit den Huftieren aus dem Rifgebirge
und den Gebieten des Mittleren Atlas
die Nahrung und Waren bringen
im Tripp Trapp durch das Mittelalter
der Sultansdynastien
der Eroberer aus dem Osten
der Berberaufstände
und später nach dem Weltkrieg
die Interzone mit acht Staaten
die eine steuerfreie Geschäftszone errichten

samt Unterschlüpfen für die
internationale Bohemia, Haschischraucher
Opiatkonsumenten, Männersexmänner, Verfolgten
Ganoven und Lebenskünstler

Im Augenwinkel der bleiche Dichter, der
jeden Monat einen Check mit 200 Dollar erhält
die schnarrende Stimme von William S.
aus dem Zimmer Nummer Neun im El Muniria
die Manuskriptseiten chaotisch zu
Papierstössen geschichtet oder
mit Wäscheklammern an eine Schnur geheftet
mit den Freunden
geordnet und neu zusammengesetzt
ein kollektives Buch aus
semantischen Traumzuständen
die Dr. Benway dem Süchtigen
ins Gehirn gespritzt und
auch die Freunde infiziert hatte
Jeder Gedanke ein neuer Abgrund
mit der Fata-Morgana-Spur ins Paradies
was den Lebenshunger der Beatpoeten
erst recht stimuliert
die Halluzinationsgebirge weiter abzutragen und
den Silbenschutt ihrer cut-up-Mutationen
aus den Buchten des Hombre Invisible
aufs offene Meer hinauszufahren
bis sie von Salz und Sonne zerfressen
auskristallisieren
zum nackten Mahl

19

Wenn du Tanger sagst, findest du dich
in einer Stadt mit über zwei Millionen Menschen
die mit neuen Vierteln und moderner Architektur
in das Umland voranwuchert
die Villen der Reichen, die Golfplätze
die Fünfsterne-Hotels, der Königspalast
auch der Palast des Saudikönigs ist hier
sagt der Taxifahrer
lange weisse Mauern und Wächterhäuschen
teure Autos im Halbdunkel hinter den Toren
parkähnliche Flächen

Vorbei über buschbewachsene Hügel zum Atlantik
das Cap Spartel ist ein armseliger Touristenpunkt
wo sogar die Souvenirverkäufer
keinen Bock mehr haben, auch nur einen Anflug
des Animierens von sich zu geben
die Autos fahren vor
lassen die Touristen knipsen
und fahren wieder weiter
und auch bei den Herkules-Grotten
das schläfrige Ritual des Einsteigens
Herumwandelns und wieder Einsteigens

In der Grotte tropft es von den Wänden
der grelle Ausschnitt Helle
wo der Fels in das Meer mündet
zeichnet die Silhouette des afrikanischen Kontinents
das junge Paar lässt sich fotografieren
ein paar Leute stehen herum und

starren feierlich in die tosende Szenerie
die Wellen klatschen und schäumen
auf die Felsen dieses Gucklochs
in die Vergangenheit der Zukunft

An besonders klaren Tagen würde man
von hier nach Amerika sehen
die Sklavenschiffe ächzen hören
mit ihrer Last von Menschen
die dem Los von Menschen ausgeliefert
eine neue Zwangsheimat ansteuern
während die Edlen und die Adligen
und sonstigen Besitzer von Geld und Gütern
weiterhin gesund und reich gedeihen
und die schwarzen Menschen bis
weit über die Aufklärung hinaus
nicht als Menschen betrachtet haben

Inzwischen herrschen längst
viele andere Formen das Sklavendaseins
von Menschen in adaptierten Ausformungen, die
zivilisiert und rechtens genug ihr Dasein fristen
zum Wohl von uns allen
die wir mit Smartphones
auf Konsumjagd gehen und
bargeldlos die Warenkörbe begleichen
billige Flüge chartern und auch sonst
lautlos gekoppelt sind
mit Ausbeutungsverhältnissen und
legalisierten Ungerechtigkeiten

Möwen schreien über der Bucht von Tanger
späte Nachmittags-Regenwolken treiben
helle Löcher werden aufgerissen und wieder geschlossen
die Winde haben sich beruhigt
Hühner gackern, Vögel tschilpen
es liegt eine lächelnde Düsternis über der Stadt
doch unbeirrt geht der Handel voran

Die Kinder spielen Fussball
auf den kleinen Plätzen
wo drei Gassen in der Medina zusammenkommen
die an heissen Sommertagen
in ihrer Stille brüten
die Buben sind flink mit dem Ball
sie tragen auch Mannschaftsspiele aus
die Pokale dazu kann man im Café Baba bewundern
wo sie aufgereiht sind
zwischen den Rolling Stones-Postern
und den anderen Requisiten einer vergilbten Epoche
die langsam in der Senilität der Belanglosigkeit verschwindet
selbst für jene
die dabei waren
um dann in einer gewissen Regelmässigkeit
wieder als Remake oder Trend aufzutauchen
bis dass der Funke neu zündet
der Funke einer Befreiung
der vielleicht sogar die letzten Reste
Gier und Machtstreben jener sprengt
die den Tarif durchgeben wollen

Das Prinzip Hoffnung ist ein altes
philosophisch-religiöses Gebet
das auch dann nicht verstummen wird
wenn die letzten Menschenexemplare
von den künftigen Robotergeschlechtern
auf der Insel ausgesetzt werden
wo sie nochmals Adam und Eva spielen können
diesmal mit einem Gott freier Wahl
den sie auf dem Display aktivieren können
wobei aber kein Gott freiwillig
sein Profil zeigen wird
sondern es nur mit seinen nächsten
Gottesfreunden verlinkt und sie davor warnt
sich mit diesen Restexemplaren
einer vergangenen Schöpfung einzulassen
es sei denn
es wolle sich einer unbedingt vergewissern
dass auch mit neu definierten Geschlechtern
die Machtverhältnisse weiter gären werden
die neu erwachten Menschen
wieder Kinder in die Welt stellen
die sich organisieren und bekämpfen
weil immer noch nicht alle wollen
was für alle am besten wäre
und die einen in ihren Zentralen
unter den Sahara-Gebirgen
den Masterplan durchdeklinieren
und die andern auf Booten
mit schwarz verglasten Kabinen
als Jäger und Sammler

23

auf den Rinnsalen unterwegs sind
die einst Meere waren

Und die Götter finden mit ihren
Ballergames selber heraus
wer von ihnen am Widerstandsfähigsten ist
und welcher sich erniedrigen muss
einen neuen Zyklus
mit dem Menschengeschlecht zu gehen
nach einem neuen Rezeptbuch
das ein bemitleidenswerter Loser-Gott
erst noch selber schreiben muss
weil sich die andern
als Gründer von Gottesmuseen
in den interplanetarischen Verkehrshäusern vergnügen
oder sich als Mensch gewordene Servicehilfen
in den Haushalten von Cyborg-Methusalems verdingen
die dank ihnen ein schwaches Signal
in die Vergangenheit von Mutter Erde
aufrechterhalten können
wo noch Blut floss
wo man Räusche hatte
Gold frass und
zügellos Weiber vögelte

Tanger am Eindunkeln
der Muezzin-Lautsprecher wird
um acht Uhr nochmals
wie eine langsam startende Sirene
zu seiner Lobpreisung anheben

und die Gläubigen zum Gebet rufen
Männer knien am Boden
in Reih und Glied
das Hinterteil gegen Gott im Himmel gerückt
die Stirne nach Mekka
den Glauben fest im Herzen
daran zweifelt niemand und man denkt
wie wundersam es wäre, wenn auch im Westen
die Banker und Unternehmerinnen, Verwaltungsleute
und Lehrerinnen, Strassenbauer und Bijouterieverkäufer
so ordentlich wie in den Ländern des Islam
die Arbeit für ein paar Minuten ruhen lassen
und sich auf den Boden werfen würden
eingedenk eines Gottes
den sie im Herzen spüren
und der ihnen wieder hilft
in den nächsten Stunden über die Runden zu kommen
egal was der Börsenkurs gerade sagt oder
der Medienkanal für neue Versprechungen bereithält

Es wäre im Gelaber
der heutigen Informationskanäle
mit den Gräben der Empörung und des Ausgrenzens
der ideologischen Verwerfungen und des Brandmarkens
undenkbar und geradezu bizarr
die hippen Leute würden ironisch grinsen
und die Intellektuelleren den Diskurs
von Transkulturalität bemühen
aber weder diese noch jene würden selber ihr
Herz noch öffnen können

für diese altmodische Demut vor dem Göttlichen
wo man doch besser gegen Ausbeutung
Unterdrückung und Konzerngewalt ins Feld zieht
als sich einem alten Herrn im Himmel zu widmen
und auch das zeitgenössische Theater
würde sich dieses Phänomens mit Interesse annehmen
den Stoff multimedial auf die Bühne bringen
und mit ein paar hübschen Provokationen garnieren
um das Thema standesgemäss auf Kunst zu halten

So weit so vorhersehbar
und mehr läge nicht drin
es wäre zu spät für eine
spirituelle Erneuerung des weissen Männertums
doch dann gäbe es plötzlich
eine Lücke im Getümmel
der sozialen Medienschlachten
die ein unbekannter Winkelried
an einer Casting Show auf Tiktok geschlagen hätte
der mit einem erst kürzlich entdeckten Mantra
in den Höhlen von West-China
und mit einem bestimmten Herzton
in seinem mystischen Vokabular
ein spirituelles Andocken
ermöglichen würde
was sogleich medial absorbiert und global gestreut
Hunderttausende erreichte
und eine ungeahnte Wirkung erzielte
sich festsetzen und den Menschenschlag
der Postkapitalisten pietistisch erneuern könnte

Im Täferglanz des Hotels Muniria
liegt das Geschichtsbuch des Westens
auf der moosgrünen Bettdecke
und schlägt den Bogen von der
französischen Revolution voran zu Napoleon
und weiter zum Wiener Kongress
zur französischen Julirevolution von 1830
der Entstehung des Marxismus
zur Märzrevolution in Deutschland
der Niederwerfung der Revolutionen in
Italien und Ungarn zu Preussens gescheiterter
Unionspolitik zu Bismarcks Europa
den Anfängen der Dritten Republik in Frankreich
zum Amerika nach der Jahrhundertwende
dem wilhelminischen Deutschland
bis zur Repression und
zur Avantgarde in Russland 1906 bis 1914
und der Julikrise am Vorabend
des Ersten Weltkriegs

während südlich von Tanger im Jahre
1591 Ahmed al-Mansur ed-Dhabi
mit 4000 europäischen Söldnern die Sahara durchquert
und eine 40 000 Mann starke Armee besiegt
die den Wüstenort Timbuktu hätte schützen sollen
im Rücken die Zeitalter der Imazighen, Berber,
Phönizier, Karthager, Römer, Vandalen, Westgoten
Omaijaden, Almoraviden, Almohaden
die über die marokkanischen Territorien hinwegzogen
oder sich eine Zeitlang behaupteten

27

und im Jahr 1324 der in Tanger geborene
Abenteurer Ibn Battuta in 28 Jahren
von Mali bis nach Sumatra und
in die Mongolei reist, während
sich im Jahr 1348 die Beulenpest ausbreitet
im mediterranen Nordafrika
Ibn Chaldun Geschichte reflektiert
und Heinrich der Seefahrer anno 1415
mit der Eroberung der marokkanischen Häfen beginnt
auf der Suche nach Gold
und gegen Ende des Jahrhunderts tausende
von im Europa der Inquisition verfolgten Juden
in Marokko Unterschlupf finden
und ein neues Jahrhundert später
der Brite Henry Mainwaring die
Piratenrepublik Masmouda bei Rabat gründet
die Alawiden die Saaditen besiegen
1684 Berberpiraten englische Gefangene nehmen
und die Engländer Tanger erobern
die Alawiden im Süden mit Berbern kämpfen
1777 Marokko als erste Nation der Welt
die britischen Kolonien in Amerika anerkennt
1912 Marokko ein französisches Protektorat
und ab 1956 ein selbständiger Staat wird
der von Mohammed V, Hassan II und neuerdings
von Mohammed VI regiert wird

Und so soll es bleiben, sagen jene
die davon profitieren
und das muss noch ganz anders werden

sagen jene, die
zu den Armen und Verlierern gehören
die es zu jeder Zeit in jedem erdenklichen System gibt
weil jede Ideologie immer
Restbestände von Leuten produziert
für die es nicht aufgeht

Und die Gier des Habenwollens
wird unersättlich weiterwirken
und die Menschen in evolutionärer Schlüssigkeit
in ein duldsameres Technologiegeschlecht verwandeln
das seine alten Verhaltensweisen ablegt
nicht mehr mit den Ketten rasseln kann
nicht mehr lustvoll Körper aneinanderreibt
nicht mehr zweifelt oder Diskurse führt
dafür unkomplizierter gehalten
gefüttert und wieder verschrottet werden kann
das Gesamtsystem den besseren Überblick hat
und ein ferner Gott, den wir uns ebenso wenig
wie den monotheistischen der letzten 2000 Jahre
vorstellen können, ein Lächeln absondern wird
wie wir es auch im Metaverse
nicht zu sehen bekommen werden
ein kosmisches Lächeln des Allumfassenden
ein ungeheures, technologisch verfeinertes
mehrdimensionales, dennoch unsichtbares
dafür tausendfach körperlich wahrnehmbares
und vielleicht sogar
tröstliches

# Café Haifa

Blick nach Spanien
das Meer dazwischen
grau grün blau geschichtet
ein paar Fischerboote
und ein Tanker

Das Restaurant fällt
in mehreren steilen Plattformen
mit Stufen und Nischen
und schattigen Plätzchen
zum Meer hinab

Junge Leute treffen sich hier
ein fernes Soundgescherbel
aus Hip-Hop und arabischem Pop
Katzen lungern herum
schmalgliedrige Wesen
dösen auf den Teppichen
auf den Pavillondächern

Breite Küstenstrasse
zwischen Steilhang und Meer
das Rauschen des Verkehrs
macht Miau und streckt seinen Körper

Hier kehrten die Rolling Stones ein
sagen die Einheimischen
bekifft unter den Sonnenbrillen
träumten sie von der grossen
Schwarzafrika-Tour, die nie stattfand

Die rot lackierten Fingernägel
einer schwarzhaarigen Frau
halten das Natel ans Ohr
Möwen zirkulieren über den Balkonen
auf denen Teppiche hängen
junge Männer tragen
die scharf rasierten Frisuren
der internationalen Hip-Hop-Generation

Drüben liegen Tarifa und
die Küste, die nach Cadiz führt
schmaler gebirgiger Streifen
mit weissgefleckten Besiedlungen
Radiosound dringt ins Ohr
Sonne wärmt das Windgeflüster
Möwenschreie
Menschengemurmel

# Fussball

Aus dem Hinterzimmer des Café de Paris klingt es nach Stadion. Die Salons du thé sind voll mit Männern, die gebannt vor dem Bildschirm sitzen und sich Fussballspiele ansehen. Dunkle Gruften, es wird geraucht, Alkohol gibt es keinen. Das ist ein Lichtblick, weil es uns vor dem Gegröle verschont, das im nahen Westen zum guten Ton gehört.

Es gibt jeden Abend Fussball, in jedem Café läuft der Champions-League-Fernseher, landein, landaus, Kontinente übergreifend. Fussball zu konsumieren ist die Volksdroge Nummer eins, Millionen sind davon narkotisiert, könnten ohne Fussball nicht sein, wären launig, aggressiv, wüssten nicht wohin, würden vereinsamen, womöglich vor lauter Emotionsfrust elendiglich verrecken. Fussball lenkt ab, gibt Beschäftigung, Smalltalk, Ausgleich, nährt Emotionen, Wut und Freude. Mit Fussball werden Milliarden umgesetzt, Fussball ist eine harte Volksdroge, sie kann zur Sucht führen. Aber sie sediert und wirkt gesellschaftsstabilisierend. Die Menschen werden berechenbarer, die Gesellschaft ungefährlicher.

Kinder werden mit Fussball grossgezogen, erhalten eine sportliche Tagesstruktur, lernen zu kämpfen, sich zu behaupten, zu lärmen. Fussball ist ein Lebensentwurf, eine männertoxische Überlebensschule. Die Fratzen der Torschützen und Sieger in Zeitlupe. Die aufgerissenen Münder. Die Fäuste, die gereckt werden. Die Siegesposen, wenn ein Tor fällt, das ist alles gar grauslich und gemahnt an einen rituellen Krieg auf dem Schlachtfeld des kleinen Mannes, der darin Sinn erfährt. Fussball ist auch eine

33

Opium-Religion, eine Business-Rauschgift-Religion, aber oppositionslos gebilligt und erfolgreich legalisiert. Lasst sie kämpfen und schreien, weinen und zittern, grölen und feiern, wir suchen auch nur das goldene Tor.

Ohne Fussball wären Männer unzumutbare Kreaturen, würden unzufrieden herumwüten, in Depression fallen, ihre Frauen schlagen. Sie könnten mit ihren Kindern nicht zum Match fahren, ihnen an Weihnachten keine Leibchen kaufen, keine Schals für ihren Götterclub, sie wären wie exkommuniziert von ihrem Urbedürfnis, würden emotional verdorren, womöglich noch mehr saufen, der Arbeit überdrüssig werden, sich gegenseitig aufheizen, Revolutionen starten, Machthaber stürzen.

Vielleicht machen das die Fussballerinnen ganz anders. Dass sie mit diesem Sport eine kulturelle Aneignung betreiben, ist eine sexistische Unterstellung.

# Smartphoner

Der Mann am Nebentisch
hat ein neues Handy gekauft
vielleicht das erste Smartphone seins Lebens
das ihn jetzt vollständig absorbiert
von der Vorspeise bis
zum Dessert und zum Kaffee
hat er die Augen auf dem Gerät
drückt herum
während er isst und trinkt
ohne nur einmal aufzublicken
selbst mit dem Glas Kaffee an den Lippen
folgt sein Finger dem Gerät
nicht mal für Fussball hat er Zeit
es sei denn, der Reporter
jaule plötzlich auf oder
die Männer rudelten sich
im Torrausch zusammen
aber dieser kurze Augenaufblick
ist noch kürzer als der nächste Augenblick
der zurück aufs Gerät huscht und dort verharrt
eingesogen in die Finsternis
der täglichen News
und der Hundephotos

# Süsse Saucen

Im Fischrestaurant an der Hafenstrasse
klettern die Katzen auf die Stühle
um ein paar Happen zu erhaschen
während im Fernseher
der Reporter kreischt
wann immer der Ball Richtung Tor fliegt
Ajaccio gegen Olympique Marseille
die Katzenfelle sträuben sich
süsse Sauce auf den
klebrigen Crevetten
Aua! schreit der Moderator
schon wieder beinahe ein Tor
Männer rupfen
an Fleischspiesschen
Mayonnaise aus der Plastiktube
spritzt auf die Frittes
der Kellner jagt die Katzen
mit einer Wasserpistole
zum Restaurant hinaus

# Heimwärts-Bar

Der Fettkloss hängt auf dem Barstuhl
wie eine aufgequollene Molluske
stopft sich unablässig Nüsschen in den Mund
zeigt wortlos auf den Kühlschrank
soll mich bedienen
zeigt auf den Stuhl
soll mich setzen

Steine klackern an den Tischen
es wird geraucht
wie in jeder anständigen Bar der Welt
obwohl hier nur Tee und Softdrinks
ausgeschenkt werden

Bier und Whisky gibt es
in der Bar nebenan
und laute Musikvideos
dort sitzen auch einige Frauen
von denen man nicht genau weiss
für was sie alles zu haben sind

Eine abgefuckte Ausgeflippte
tanzt draussen auf den Fliesen
lässt den Hintern wackeln
die Jungen rundherum kichern beschämt
wie sie aufreizend wackelt
den Mund speckig mit schwarzen Zähnen
und kein einziger Sinnesreiz sich meldet
ob all der Verlorenheit
die sich da exhibitioniert

Drinnen lallt der betrunkene Marokkaner
irgendetwas auf Spanisch
fragt nach Blättchen
eine ausgekrümelte Zigarette
auf der Handfläche
mit Kif vermischt
springt auf und bestürmt
die schwarzhaarige Frau
die ihn mit erhobenen Fäusten
zurückstösst, bis er ablässt
und dann alleine auf dem Barboden
zur Trancemusik aus dem Video
seine Tanzschritte zelebriert
verfolgt von einsamen Augen
in der dunklen Nische sitzt
mit sechs Bierflaschen auf dem Tisch
eine blonde Frau, umringt von zwei Männern
lächelt vor sich hin und
man prostet sich gelegentlich zu
oder flüstert etwas vornübergebeugt
und irgendein Typ
hat die Blättchen aufgetrieben
und die Zigarette gedreht
die der spanische Marokkaner
sich gierig einverleibt
und erneut auf die Frau losgeht
die ihn wild gestikulierend
zurückdrängt und beschimpft
während die Männer schweigsam
auf den Fernseher gucken

die Bauchtänzerinnen
ihre Hüften schlenkern
der Sound mit schweren Trommeln
vor sich hinstampft und
ein Junge am Tisch auftaucht
eine dünne Stange Haschisch
aus dem Plastiksack hervorkramt
Allahu Akbar
Es muss nicht immer Sprengstoff sein

# Café Tingis

Klinke mich in eine WLAN-Verbindung vom Café nebenan, nachdem die Internet-Connection im Hotel gestern Abend ausgefallen ist, was die Laune spürbar ins Mürrische kippen lässt. Wie abhängig Mensch doch wird von diesen virtuellen Ablenkungen; es ist zum Heulen. Ist es zwingend, einen langen Artikel über Robert Crumb im Tagesanzeiger online zu lesen, so gut er auch ist? Sich dieses oder jenes YouTube-Häppchen reinzuziehen statt einfach mal dazuliegen und die Spinnweben im Gedankengebälk zu beobachten? Was ist der Mehrwert des World Wide Web in dieser Umgebung, wo viele Eindrücke danach schreien, irgendwie verdaut und eingeordnet zu werden, bar jeder Romantik, Sentimentalität, Überhöhung?

Die Internetzerstreuungen gebären nur wieder neue Leiden: die Angst, dass im smartlosen Zustand nicht mehr viel wäre, was einem Spass und Identifikation brächte. Dass ein solches Dasein schrecklich leer und einsam wäre. Die Krallen der sozialen Kanäle sind erbarmungslos. Abgeschnitten von allen Like-Bekundungen, Hilfe, lebe ich noch? Das Weh Weh Weh ist auch nur eine Fake-Maschine, die uns daran hindert, den wahren Moment der Ereignislosigkeit zu erkennen. Dort, wo es tatsächlich abgeht.

# Paradies

Auch ein Haschischrausch
führt dich nicht mehr
zum Tor hinaus ins Paradies

Früher war das Tor vergoldet
und warf mystische Schatten
heute ist es eine rostige Tür
die im Wind knarrt
und auf den Atlantik zeigt
der eine graublaue Gischt aufwirft

Er hat schon hunderte
von schwarzen Körpern verschlungen
auch sie suchten ein Paradies

# El Muniria

Heute Morgen ins El Muniria gezogen
Zimmer Nummer Vier
ein Eckzimmer mit zwei Fenstern
nach vorne geht der Blick auf den Hafen
und das Meer, die Palme im Garten
patinageschwängerte Silhouette
aus den Erobererzeiten
der amerikanischen Beat-Buben
unterdessen kommunizieren wir mit
Fingerkuppen und Smileys
Manuskripte sind Displays geworden
die Wort-Viren haben sich als Impulse verselbständigt
und was Cut-up heraufbeschworen hat
übertrifft sich im Datenmeer einer neuen
allwissenden Orientierungslosigkeit

Das WLAN-Signal im Haus ist zu schwach
um die Homepages der Welt zu starten
aber wen kümmert das im Hotel El Muniria
das Haus ist zum vergilbten Manuskript geworden
ein Mausoleum der verhallten Worte
eingedenk von William, Jack und Allen
die in diesen Zimmern und Korridoren
ihren unruhigen Geist herumtrieben

Fliegen summen über der moosgrünen Bettdecke
die spontane Prosa der Erregung
die in den Fingerkuppen juckte
hat das Buch im Umblättern der Tage
nie fertig geschrieben

43

Die Schreibmaschine von Bowles
rattert die Geschichten
von Schatten und Geheimnis
aus den Tasten im Erinnerungshaus
der Dichter mit Zigarette im Mund
auf dem schwarzweissen Foto

Real ist die Erinnerung
unwirklich die Gegenwart
ein Geruch wie im Grossmutterzimmer
auf dem Unterhof im Luzerner Hinterland
das Gemisch aus altem Holz,
Kampfer, Lavendel und
dunkelglänzenden Kommoden

Es ist kühl im Haus
die Ruhe ist überall
die Geister der Vergangenheit
tragen schwere Gewänder
ihr Lebensgefühl der Befreiung von allen Normen
ist antiquarisch eingesargt
und verströmt einen süsslichen Geruch

Ich möchte nicht sterben hier

# Aida

Ein Kreuzfahrtschiff ankert im Hafen von Tanger, fremde Horden entleeren sich von der «Aida» und gehen chaotisch gesittet an Land, angeführt von einem deutsch sprechenden Marokkaner mit Hütchen. Mit einem Zahlenschild geht er durch die Medina-Gassen voran, damit das Grüppchen 35 nicht vorzeitig auseinanderdriftet, aber nach wenigen Minuten ist eine ältere Dame, die bei einer Auslage ein graublaues Leder-Handtäschchen gesichtet hat, schon rettungslos in Verhandlungen verstrickt. Da stehen sie alle rundherum und gaffen, während der Touristenführer fünfzig Meter weiter vorne in der Nase bohrt und stramm sein Täfelchen hochhält.

Die «Aida» ist eines dieser Ungetüme, die das Mittelmeer mit wohlgenährten Rentnerschaften durchpflügen und alles an Bord haben, was das verwöhnte Herz begehren kann. Der Tourist muss auf nichts verzichten, das er auch zu Hause schätzt. Das Schiff liegt da wie eine dumpfe Verheissung. Und doch wirkt es zu gross und zu träge, als dass sich meine reiselustige Seele auch nur einen Hauch lang davon verführen lassen könnte.

# Die Lautlosen

Überall können sie auftauchen, leise herumschleichen, Gassen überqueren, in einer Ecke liegen. Sie sind immer da, dünne Leiber, lautlos, manchmal im Gebüsch raschelnd, eine dunkle Steingasse hochtappend. Sie sind auch am alten Hafen Dauergäste, plötzlich überquert eine ungerührt zwischen Fahrzeugen hindurch die Strasse oder trottet über den grossen Platz vor der Fähre, wo nur ein paar Hafenpolizisten herumschlendern und ein Imbissstand auf Kundschaft wartet.

Die Katzen sind die zarten Geister, die das Geheimnisvolle und Lautlose verkörpern und diese Stadt in all ihrem Treiben bewohnen. Unscheinbar, aber doch sichtbar hinterlassen sie kaum Spuren, aber ohne ihre Erscheinung wäre die Stadt kühler, härter, gewöhnlicher. Bis auf das plötzlich aufschiessende Kläffen von zwei Kötern heute am frühen Abend vor dem El Muniria habe ich in den vergangenen Tagen kaum einen Hund wahrgenommen. Nur die ältere Lady, die auf einer Bank bei der Sankt-Andreas-Kirche sitzt, hat einen Hund bei sich. Sie ist enorm beleibt, hat dichte blonde Haare und fühlt sich einem britischen Leutnant verbunden, der 1945 bei einem Erkundungsflug abgeschossen wurde und ein paar Meter weiter wie viele andere Kriegstote der Alliierten auf dem Grabstein mit Foto verewigt ist.

Wortkarg sitzt die Lady auf der Bank und schaut in die Weite. Der Hund liegt wie ein ausgestorbenes Reh neben ihr.

46

# Ein Glas Wasser

Ein junger Afrikaner mit Wollmütze stolpert in das Café, geht zur Theke, trinkt in einem Zug ein Glas Wasser leer, wischt sich den Mund ab und hastet wieder von dannen. Eine Wasserflasche und ein Glas stehen neben der Kaffeemaschine, die Gäste in der Bar beachten sie kaum. Eine kleine Tankstelle für die Armen und Durstigen, die durch Tanger ziehen und sich nicht mal einen Kaffee oder einen Tee leisten können. Die Wasserflasche und das Glas sind kein soziales Projekt der Stadt, das von einem politischen Vorstoss initiiert wurde. Es ist muslimische Nachbarschaftshilfe.

# Café Baba

Eine Höhle mit Rock'n'Roll und Kif-Geistern
blauweiss gestrichene Wände und arabische Musik
Würfel klingeln an den Tischen
von der Laube aus geht der Blick
auf die Dächer und Gärten der Medina
bis an den Strand von Tanger

Keith Richards war hier
ein Foto von 1966 verbleicht an der Wand
Jim Jarmusch und Kofi Annan
eine abgewetzte Elektrogitarre
die Stones in ihren frühen Posen
silberne und goldene Pokale auf den Simsen
es könnte irgendwo auf der Fernwehstrasse
Istanbul Kabul Kathmandu sein
der alte Groove ist konserviert
und ist einer von hundert Millionen Titeln
auf den Streaming-Portalen
für weiss gealterte Männer
die auf ein paar Kicks'n'Clicks hoffen

Die Herrlichkeit des Abhauens
in Haschischländer und dösende Tage
mit den Gesängen der Muezzins
und den Sehnsüchten von weit gereisten Travellers
hat Platz gemacht für Menschen in Trainern
und glänzenden Kurzhaar-Gelfrisuren
die gelangweilt auf dem Plastikstühlen
ihre Smartphone-Parcours absolvieren

Oleanderbüsche rauschen im Wind
das Licht wechselt alle paar Sekunden
von grell zu schattig
Antennen und Satellitenschüsseln
erheben sich über fleckigen Mauern
Vogelschwärme ziehen
im Singsang der arabischen Frauenstimme
flattern Kleider
und der Geist schlenkert mit ihnen

# Brainflash

In jungen Jahren gilt es den Hunger zu stillen, später die Sentimentalitäten zu bekämpfen, vielmehr einen Umgang mit ihnen zu finden und nicht andächtig zu werden. Sie stellen sich unweigerlich ein. Die jungen Travellers in ihrer zarten Unbeschwertheit erinnern dich daran, wie auch du mal unterwegs warst und spiegeln gleichzeitig, wie du dich heute fühlst, was all die Zeit dazwischen war, was in diesen Jahrzehnten aufbrach, sich manifestierte, vorbeiging. Verdammt, was war es, was hat es zu bedeuten.

Selbst wenn du aufzählst, was du erreicht hast, wie viele Artikel du geschrieben, Leute kennengelernt, Frauen geliebt, Feste gefeiert, Erfahrungen gesammelt hast: Es verblasst gegenüber diesem Torpedo-Gefühl, wie unfassbar der Abstand bleibt zwischen der Person, die du als Junger warst und jener, die du heute geworden bist. All diese Jahre dazwischen. Wo, zum Teufel, sind sie hin. Ein paar vom Wind bewegte Sträucher am Wegrand.

Wie willst du heute empfinden, was damals dich getrieben hat? Die Lust zum Aufbrechen ist gesättigt von einer milden Nüchternheit, die sich aus all den Reisen und Erfahrungen herauskristallisiert hat. Eine kleine Wehmut zur Jugend, die nicht weh tut, die man glücklich gutheisst und die immer noch sagen möchte: Hey ho, go east, young man.

Auch die Wehmut zum Alter hin tut nicht weh, sie riecht nur ein bisschen komisch. Das unbekannte Land, das zwischen den Horizonten hervorblitzt, dennoch in weiter Ferne sich abspielt, hinter den Bergen und Wüsten. Da liegt die Jugend, die vermeintliche, im Vergleich dazu gerade um die Ecke. Weit weg von ihr erkennst du sie jedes Mal, wenn sie dir einen runterholen will, mit ihrer Euphorie und ihrem Unbekümmertsein. Du kennst sie nur zu gut und bist doch weiter von ihr entfernt, um dir etwas vorzumachen. Unmerklich bist du in ein Dasein gerückt, wo es etwas beschaulicher zu- und hergeht, geregelter und etwas abgestumpfter, sentimentaler und in Glücksfällen sogar ironischer, aber wo es noch immer glimmt und donnert, lebt und liebt und die Glücksgefühle letztlich umfassender sind als die grossen alten Ficks.

# Rishard al Rashid

Ich hatte ihn zuerst auf dem Grand Socco getroffen. Ein distinguierter älterer Herr. Er trug einen blauen Mantel, die Jeans waren leicht aufgerissen. Die Haare gepflegt, eine dünnrandige Brille, dunkle Augen. Das grosse Muttermal auf der Wange erinnerte an die Umrisse des afrikanischen Kontinents. Die üblichen Fragen, die üblichen Antworten. Schweizer. Ah Suisse. Paar Tage hier. Schöne Stadt. Wir reden bald Englisch. Rishard fängt damit an, es entspricht mehr seinem Stil. I have many friends, England, Italy, Germany, Switzerland, Canada, Austria. Das weisse Lächeln seiner künstlichen Zähne macht seine Augen noch dunkler.

Drei Tage später tippt er mir von hinten auf die Schulter. Hello, do you remember? Er hat mich gesehen durch die grossen Fenster des Grand Café de Paris. Wohin gehst du? Kommst du einen Kaffee trinken? Sein Natel liegt auf dem Tisch. Das Glas Milchtee ist halb leer. Rishard beginnt zu erzählen. Ich habe in den sechziger Jahren in Essaouira gelebt. Jimi Hendrix war da, Mick Jagger, solche Leute. Ich hatte eine wilde Afrofrisur. Ich habe mit diesen Leuten gelebt. Hippies. Freundliche Menschen, ich hatte nie Probleme. Wir haben Haschisch geraucht. Ich habe auch Acid genommen mit ihnen.

Acid. Rishard wiederholt das Wort mehrmals. Artikuliert es in zischenden Lettern. Er macht das immer wieder mit Wörtern. Setzt sie wie Sprechblasen in seine Erinnerungs-fetzen. Stoned. It was paradise. We were tripping. Das dauerte die ganze Nacht. Am Morgen, wenn die Sonne aufging, kehrten wir langsam in die normale Realität zurück. Dann tranken wir einen Fruchtsaft und gingen schlafen. Am Abend ging es weiter. Rishard nimmt einen langsamen

53

Schluck Tee. It is different today, sagt er. Boring. Die einstigen Hippies sind heute 60 und 70 Jahre alt und aus dem Blickfeld verschwunden. Die jungen Leute in Marokko fahren den ganzen Tag nur mit dem Motorrad herum. Und wenn eine Frau auf dem Rücksitz Platz genommen hat, fühlen sie sich als die grössten. Rishard verzieht seinen Mund. How boring.

Mit Boring meint Rishard nicht nur langweilig. Boring ist für ihn das Gewöhnliche, Graue, Stillose. Schau da drüben, die beiden Männer, sagt er in ruhigem Tonfall und beugt sich leicht vor. Das sind die beiden Besitzer des Café de Paris. Schau sie dir an. Boring. Die Mimik wird ein verächtliches Bedauern. Zwei ältere Männer, unauffällig gekleidet. Bieder wirken sie, wie Bürolisten. Sind das Besitzer eines solchen Cafes? fragt sein schneller Blick. Die müssten doch. Und er reckt stolz seine Brust, hält den Kopf gerade, rückt sich zurecht, zupft den Schal, ordnet die Weste. Die künstlichen Zähne lächeln, mild rotieren die Augen.

Heute trägt Rishard einen hellbraunen Mantel. Darunter ein gesticktes Shirt und eine Weste darüber. Der Schal ist violett. Purple Haze, lächelt Rishard. Die Farbe von Jimi Hendrix. Unter den aufgerissenen Jeans kommt eine dünne schwarze Hose zum Vorschein. An den Fingern trägt er zwei Ringe. Die Augen sondieren unablässig die Gäste im Café. Sie registrieren, wer kommt, wer geht, wer vielleicht ein Zeichen gibt oder aus der Ferne grüsst. Aber er redet unbeirrt fort.

Ich bin oft im Café de Paris. Hier sass auch Burroughs. Hier haben immer die Künstler und Dichter verkehrt. Hier kommen meine Erinnerungen in Gang. Er tippt sich an die

Stirn. Die Erinnerungen sind eine Maschine. Sie sitzt da drin. Ich lebe von diesen Erinnerungen. Ich lebe seit 50 Jahren in Tanger. Fifty years, wiederholt er. Heute bin ich 62. Ich habe die sechziger und siebziger Jahre aus vollen Zügen genossen. Du musst das Leben geniessen. Am Abend kocht meine Frau etwas Feines, ich drehe einen Joint, vielleicht trinke ich noch ein Glas Wein. Ich lege mich hin, schaue in die Sterne, bin ein wenig stoned, dann liege ich im Bett mit meiner Frau.

Manchmal gleicht Rishard einem Advokaten. Seine dünne Brille, die gepflegte Art, sein Benehmen. Stil ist alles. Er verkehre nicht in der Medina, meint er. Wenn er von Musik spricht, dann meint er klassische Musik oder guten Jazz und Rockmusik, aber nicht Gnawa. Ach, sein Gesichtsausdruck ist fast schmerzlich. Gnawa, gibt er wortlos zu verstehen, ist etwas für die Armen, für das Volk. Rishard interessiert, was gross und berühmt ist. Bowles, Burroughs, Jagger, Hendrix. Oder Schauspieler wie Leonardo DiCaprio, der auch in Tanger war. Das sind richtige Filme, nicht so unbedeutendes Zeugs. Rishard will Leute kennenlernen, die Esprit haben, gebildet sind, Künstler. Er hat ein Haus auf der Anhöhe, in der Nähe des Stadions. Ich lebe ein gutes Leben. Eine Tochter ist in Holland verheiratet, der Sohn wird ein Advokat, nicht ein grosser und berühmter, ein einfacher Advokat, die jüngste Tochter wohnt noch bei uns.

Mit den Männern, die am Grand Socco Kif rauchen und Touristen anquatschen, hat Rishard nichts am Hut. Zu viele Privatpolizisten darunter, die den Touristen vorgaukeln, dass man in Marokko ohne Probleme Haschisch rauchen kann. Irgendwann verkaufen sie ihnen ein Stück, aber, lächelt er und legt den Zeigefinger unter das linke Auge, sie schauen

55

auch dafür, dass ein Polizist den Deal mitbekommt. Und wenn das Geld bezahlt ist und der Tourist von dannen geht, wird er aufgehalten und überführt. Rishard wiegt den Kopf mit Bedacht wie der Bankier deines Vertrauens. Er warne die Touristen vor diesen Machenschaften. Er kenne auch Leute, die den Stoff, in kleinen Portionen und gut in Gummi verpackt, schlucken und so über die Grenze schmuggeln würden. Aber auch diese Art ist Rishard zu wenig elegant. Die Stirn legt sich in Falten. Warum diese Mühen. Er mache es besser. Schicken, sagt er, deutsch und deutlich, und er wiederholt das Wort, bis es zischt. Schicken ist besser. Er schicke die Ware immer.

Rishard malt Bilder, ab und zu schreibt er, das Geld verdient er mit seinem diskreten Business. Business ist schon gut, du musst es einfach richtig machen. Er verschickt das Haschisch zusammen mit seinen Bildern. Er klebt sie auf einen Spiegel, in den er die Ware zusammen mit Wachs kunstvoll eingeklebt hat. Das funktioniert gut. Meistens sende ich die Pakete von Gibraltar aus, das erweckt weniger Verdacht, als wenn ein Paket aus Marokko kommt. Am besten geht es mit einer privaten Firma, die liefert von Haus zu Haus. Ich habe viele zufriedene Kunden. Am Anfang versuchen sie es mit 500 Gramm, und wenn sie merken, dass der Stoff sicher ankommt, wollen sie mehr. Sie bestellen dann ein oder zwei oder drei Gemälde. Ein Gemälde bedeutet ein Kilo. Du musst Vertrauen schaffen. Die Leute bezahlen bei mir erst, wenn das Paket angekommen ist. Das Geld wird über eine bestimmte Bank überwiesen. Ist das Geld eingetroffen, erhalte ich eine siebenstellige Zahl. Diese weise ich vor, und das Geld wird ausbezahlt.

Rishard sagt nie, willst du ein Business machen, kaufst du ein paar hundert Gramm. Er sagt höchstens, komm mal bei mir zuhause vorbei, meine Frau macht exzellente Tagine oder auch ein feines Fischgericht. Wir haben ein grosses Haus, wir können es gemütlich haben. Ich zeige dir Fotos von früher. Du siehst mich mit Hippies und Musikern, ich war überall dabei. Es waren andere Zeiten, sagt Rishard. Heute lebe ich vorsichtiger, diskreter.

Er will mir den Kaffee bezahlen. Seine Augen sind wie wandernde Scheinwerfer. Ich muss ihnen entkommen.

# Tanger-Musik

Das ist die Musik der Tanger-Nacht
durch das Fenster von El Muniria Nummer Vier
die Geräuschkulisse des Windes
vom leisen Rumpeln der Fensterrahmen
bis zum Aufwallen der Palmzweige
Plastikflasche kollert über die Treppe
Das Gerede der Bargäste pegelt sich
ins spitze Gebell eines Hundes
Fenster schlägt zu
Chill-out der fernen Gesänge
Bässe beginnen sich abzuzeichnen
die vorhin nur als Horizonte
hinter tausend Schiffen zu flackern schienen
Musik mischt sich mit dem Gerede der Männer
ein winselnder Hund
der Tropf des Wasserhahns
das Rütteln des Fensters
die Melodie eines Windhauchs
ein Scheppern, ein Gelispel der Nacht
Augenaufschlag einer Echse
Geflötel, Geknurre, Klackern der Tasten
im Gehirn vibrieren die Zellmembranen

Eine nächste Stufe von Musik wird nicht mehr
durch von aussen erzeugte Geräusche gespiesen
und in Räumen gehört
sondern aus dem Körper selbst vermittelt werden
wie Infusionen über Sensoren
die unter die Haut gepflanzt sich
mit der Epidermis verbinden

die Musik wird mit einer direkt-körperlichen
Dimension wahrgenommen
wie das in der heutigen Frühzeit
mit den subsonischen Bässen
und ihren Magengrubengefühlen
sanft erahnbar gemacht wird

Diese Wirkung kann über die Hautsensoren
quantenmässig verstärkt werden
das Rauschen der Organe
der Blutfluss der Arterien
das Geklappe und Gepumpe des Herzens
die Dehnungen der Muskeln
das Reiben der Knochen
die Interpunktionen der Atemgeräusche
die Gletschermühlen der Gelenke
(künstliche Hüftgelenke werden wie Kraftwerk
aus der Steinzeit klingen)

Ein künftiges Musikhören wird nicht
ein Problem von neuen Inputs sein
sondern des dosierten Umgangs mit ihnen
und des Know-how darüber
wie die Schleusen bestmöglich zu manipulieren sind
was in der heutigen Zeit
die Mischer und Tontechniker besorgen
wird morgen das Tool von allen sein
die sich den Sensoren aussetzen
um sich in diese Klangerfahrungen
einzuklinken

Einige Menschen werden
abgehängt von dieser Musikerfahrung
und Bodymusic-Outsider bleiben
die sich nicht weiter damit beschäftigen wollen
weil es sie nicht interessiert
oder nur soweit als sie
einen bestimmten Lebensbedarf
zur Stimulation gebrauchen
während die Body-Music-Profis
in virtuellen Mischzentralen
ihre Kicks und Klangflüssigkeiten austauschen
und neuronale Netzwerke vorbereiten
um in die nächste Stufe vorzustossen

Weiter in die Dimensionen der zellulären Musik
wo jede Membran und jede Aminosäure-Kombination
in mehrschichtigen Molekülkörpern
klangbar gemacht wird
das kann man sich als tosenden Lärm
oder als flüsternde Nachtluft vorstellen
als reine Kakophonie des Grauens
oder als kosmischen Sound einer Wüstennacht
im Marianengraben des Pazifiks
lauter Metaphern aus einer Zeit
als die Ohren noch wichtige Eingangstüren waren
und das Musikerlebnis steuerten

Mit dem zellulären Hören werden
neue Wahrnehmungsweisen erzeugt
die sich anfühlen wie das Wams aller Vorstellungen

das man schon lange hatte tragen wollen
und der einen nun wie ein Fallschirm
in die Himmel reissen
und dann wieder in die Hölle werfen würde

Und kein einziger Besucher ist anwesend
in diesem gigantischen Hörkino
es ist alles Energie, die einen in den Rohzustand
des Anfangslosen und des Endlosen zurückspediert
ohne dass man Distanzen zurücklegen
oder auch nur geboren werden muss

Empedokles
der sich in den Vulkan warf
machte einen Frühversuch in diese Richtung
vielleicht wollte er nur Musik hören
den Energiestrudel dort erfassen
wo er am heissesten war
und hoffen
dass es klingen würde

Die Musik der Zukunft
die sich seit Urbeginn in den Zellen abspielt
und wahrnehmbar gemacht wird
muss keinen Klang haben
wie wir ihn uns vorstellen
wenn schon die heutigen Altbärte sagen
diese elektronische Musik sei ja keine Musik mehr
wie enorm muss dann der Unterschied sein
vom heutigen Kathedralen-Noise

und seinen unterirdischen Erdbebenbässen
zu jener Musik
die aus den Dschungeln unseres Körpers
und den Billionstelbewegungen
der genetischen Ursuppe entsteht

Es ist bloss noch offen
wie wir das Mischpult handhaben werden
das tägliche Steuerbrett
das wir heute schon in Form
von Fernbedienungen und Smartphones
wie Nuggis in den Händen halten
mit denen wir uns einklinken
in die offiziell durchgegebene Welt
die ein wenig nüchtern betrachtet
aus tausend Paralleluniversen besteht
aber doch den gemeinsamen Nenner
einer Mehrheit aus Menschenbegierden hat
die das verdammt alles will
die das verdammt alles will
und also die grosse Strasse legt
den Daten-Highway ausbaut

Das ist die Musik der Tanger-Nacht
aus dem Fenster von El Muniria Nummer Vier
Wind rumpelt im Fensterrahmen
Palmzweigbrisen fächeln
das Bargast-Gerede
im Hundegebell
der Ambientbässe

tropft ein Wasserhahn
in die Gedanken der Nacht
verschmilzt mit den Sensoren
der interaktiven Epidermis
und holt das Vibrieren des Zellinnern
an den Schallkammern der Atome
in den Space dieser Sekunde
jetzt

# Abgesang

Hier trank ich am ersten Tag den Morgenkaffee und beobachtete, wie die wilde Frau eine Performance der monströsen Verzweiflung abzog und die Männer im Café ihr zuschauten, zwischen schockiert und amüsiert, und sie den Rock wieder glattstrich und sich auf das rötliche Pflaster setzte, mitten auf die Fussgängerzone.

Hier sitze ich auch am letzten Morgen in Tanger, als drei verwahrloste schwarze Jugendliche mit zerrissenen Kleidern an mir vorbeiziehen, Geld wollen, auf den Bauch zeigen, Hunger haben, gracias sagen, da erhascht mein Blick auf der anderen Strassenseite zwei Männer, die einen kleinen schwarzen Jungen hochziehen, der neben einer Sitzbank gelegen haben muss, sie ziehen ihn schwerfällig hoch, als ob er behindert wäre oder nicht gehen könnte, und während ich noch denke, dass sie ihm helfen wollen, zerren sie den Jungen zu einem Kleinbus, öffnen die hintere Türe und schieben ihn rein, wo schon andere Jugendliche eingepfercht sind, ein dreckiger unscheinbarer Kleinbus, begleitet von zwei Männern, die draussen herumspähen, sich etwas zurufen und dann ebenfalls in den Bus steigen, der sich jetzt langsam in Bewegung setzt, auf die Hafenstrasse Mohammed V einbiegt, die jungen Namenlosen blicken hinaus auf Tanger, zu den Hotels und Geschäften, zum Strand und zu den neuen Hochhäusern, sie sehen die fetten weissen Wolken, die am Himmel dahinziehen, sodass es augenblicklich hell und dunkel werden kann, sie sind eingeschleust in den Verkehr, in diesem dreckigen kümmerlichen Kleinbus, der sie eingesammelt hat, auf der Boulevardstrasse in Tanger, und der sie in irgendein Lager bringt, eine Sammelstelle, eine Kaserne, eine Müllhalde, eine verlassene

65

Bucht, der Gedanke an ihr Schicksal ist furchterregend und wir sitzen in den Korbstühlen und registrieren die Realität wie am Fernseher, schauen zu, einer liest Zeitung, der andere mustert die Passanten, ein Dritter schreibt in sein Heft und wartet auf die Fähre, die um 14 Uhr nach Tarifa losfährt, das Ticket hat er schon im Geldbeutel.

# Goodbye

Hopp, Traveller
steinige deine Illusionen
sei ein Tourist
verzeih den kläffenden Hunden
rieche den Lavendel deiner Grossmutter
sonne dich auf der Aida
kauf dir ein Piece und
trag auch den Teppich
stolz nach Hause

Niemand kann dich
über den Tisch ziehen
das bist immer nur du selbst
der dir im Wege steht
wenn du das Andere suchst
verzage nicht
und sei lieb
mit deinen Halluzinationen

Pirmin Bossart (*1956) studierte Ethnologie, Geografie und Literatur in Basel. Er schreibt als Journalist und Musikkritiker und wirkte an mehreren Buchveröffentlichungen mit. Seine Texte sind insipiriert von Asienreisen, Musik, Naturerfahrung, Zen, Science-Fiction und Psychedelik.

Seine erste Publikation «Trip 77 – Unterwegs in Asien» erschien 2016 im Verlag Der Kollaboratör, Luzern. Letzte Exemplare sind beim Autor erhältlich: www.pirmin-bossart.ch

Pirmin Bossart ist Mitglied im Klub Ö, Luzern